ÉTUDES FINANCIÈRES

SUR LES

CHEMINS DE FER AMÉRICAINS

ÉTUDES FINANCIÈRES

SUR LES

CHEMINS DE FER AMÉRICAINS

I

MISSOURI, KANSAS AND TEXAS RAILWAY

PAR

ERNEST FRIGNET

PARIS

IMPRIMERIE DE D. JOUAUST

RUE SAINT-HONORÉ, 338

1875

I

Des chemins de fer américains.

On s'étonne en France de l'empressement avec lequel les capitalistes allemands, hollandais et anglais ont accueilli les obligations hypothécaires (*first mortgage bonds*) des compagnies de chemins de fer américains; et l'on a peine à s'expliquer, parmi nous, comment des valeurs créées par des compagnies d'organisation récente pour la plupart, dont la garantie repose sur un sol à peine défriché, dans des contrées presque désertes, peuvent offrir quelque sécurité pour des placements sérieux et donner des produits rémunérateurs.

Cependant c'est par milliards que les capitaux européens ont contribué à la construction du grand réseau des chemins de fer américains; c'est par centaines de millions que chaque année l'Europe reçoit des États-Unis la juste récompense de son intelligent concours.

Pourquoi la France est-elle restée jusqu'ici en dehors de ce mouvement financier?

Cet éloignement a tenu à bien des causes, dont l'une des plus puissantes est la propension qu'a l'esprit français à n'apprécier les entreprises étrangères qu'en raison de leur plus ou moins d'analogie avec les idées et les habitudes nationales.

Les peuples voisins n'ont pas cette tendance. Ils comprennent que des variations de climats, de races et d'origines, doivent naturellement amener des changements dans la constitution économique et financière des institutions similaires chez les divers peuples.

L'industrie des chemins de fer est l'une de celles où les modifications de ce genre exercent l'influence la plus décisive. Aux États-Unis, surtout, cette industrie s'est développée au milieu d'éléments politiques et financiers tout différents de ceux qui la dominent en Europe.

C'est pour n'avoir pas tenu suffisamment compte

de ces différences, que la plupart des écrivains français ont été conduits à critiquer l'organisation des compagnies américaines et à déconseiller l'adoption de leurs titres comme valeurs de placement.

Il est donc intéressant d'examiner de plus près, et à un point de vue moins exclusif, les bases légales et financières sur lesquelles reposent, soit en Europe soit aux États-Unis, la propriété et l'exploitation des chemins de fer.

II

Caractere de la propriété des chemins de fer en Europe et aux États-Unis.

Au début même de cette étude se présente une divergence radicale et absolue de principes, en ce qui concerne la propriété des chemins de fer.

Dans la plupart des États de l'Europe, en France notamment, les chemins de fer font partie de ce qu'on appelle *la grande voirie*. Comme tels, ils dépendent du domaine public et sont inaliénables.

Par suite, en concédant le droit d'établir une voie ferrée d'un point à un autre du territoire, le législateur français n'a jamais entendu attribuer au concessionnaire un droit de propriété réelle sur la ligne concédée, mais un simple droit de jouissance temporaire.

Le propriétaire du chemin, c'est le domaine public ou, si l'on veut, l'État; l'usufruitier, c'est la compagnie concessionnaire.

A l'expiration de la concession, le chemin de fer, qui est le fonds grevé d'usufruit, fait retour à l'État.

De là deux conséquences d'une importance capitale :

La première, c'est qu'en France l'existence de la compagnie est rigoureusement limitée à la durée de la concession, et que dans les bornes étroites de ce laps de temps il lui faut payer toutes ses dettes et rembourser son capital : car le chemin fait retour à l'État, franc et libre de toutes charges antérieures;

La seconde, c'est que les compagnies françaises, simples usufruitières, ne peuvent donner à leurs créanciers aucune garantie réelle sur la chose qu'elles exploitent, et que les seuls avantages qu'elles puissent concéder sont une priorité de rang sur le capital social et sur les produits de l'exploitation.

Les obligations de chemins de fer ne sont donc que de purs engagements chirographaires, donnant aux porteurs le droit d'exiger l'intérêt et l'amortissement de leurs titres par préférence aux actionnaires, sur les produits nets de l'exploitation. Nous disons *produits nets*, car les frais d'exploitation, d'entretien et de réfection du chemin de fer sont des dépenses privilégiées, faites pour la conservation de la chose; et, par suite, elles priment légalement les obligations.

Ainsi, obligataires et actionnaires dépendent les uns et les autres des résultats de l'exploitation; et quoique les premiers n'aient ni le droit de participer aux chances heureuses, ni celui de s'opposer, dans les délibérations de la compagnie, au développement peut-être exagéré du réseau, ils subissent, comme les actionnaires, les conséquences du déficit des recettes et des imprudences de l'administration sociale.

En faut-il conclure que les obligations de chemins de fer français ne sont pas des valeurs de premier ordre et qu'elles ne méritent pas la popularité dont elles jouissent en France? C'est ce que nous n'avons pas à examiner ici.

Nous nous bornons à faire remarquer qu'elles

ne constituent qu'un droit de priorité sur les résultats nets de l'exploitation et qu'elles priment les seules actions dans le partage de ces résultats.

Les choses sont tout autrement organisées aux États-Unis.

La constitution fédérale n'attribue pas au domaine public la propriété des routes, des canaux, des chemins de fer ou autres voies de communication. Les routes, les chemins de fer, sont la propriété des compagnies qui les construisent, et qui, par suite, ont le droit de les exploiter.

Ils ne sont donc pas, comme en France, inaliénables; et le gouvernement américain n'a le droit de s'immiscer dans la gestion des compagnies que pour leur prescrire des mesures de police et d'ordre public.

En d'autres termes, les chemins de fer américains constituent une propriété privée, absolue, perpétuelle, comme le serait une usine, une maison, un champ.

Cette propriété est exploitée par les compagnies fondatrices librement, en dehors de tout contrôle administratif, et sans autres règles que celles qui gouvernent les autres entreprises commerciales.

De là deux conséquences opposées et de tous points contraires à ce qui se produit en France.

La durée des compagnies n'est pas limitée à la durée d'un usufruit ou d'une emphytéose de 99 ans consentie par l'État.

Elles sont perpétuelles comme la propriété qu'elles exploitent. Elles n'ont donc pas à se préoccuper, comme les compagnies françaises, du remboursement de leur capital social.

Ensuite les compagnies américaines ont le droit d'attribuer à leurs créanciers un gage réel, une garantie hypothécaire, sur leurs propriétés, hypothèque aussi complète et aussi efficace que peut être l'hypothèque d'un champ ou d'une maison; hypothèque qui leur confère le droit de saisir le gage, de l'exploiter pour leur compte, ou, s'ils le préfèrent, de le faire vendre aux enchères, fût-ce pour le prix du fer, des traverses et du terrain sur lequel la voie ferrée est établie.

A la différence de l'obligation des chemins de fer français, l'obligation hypothécaire des chemins de fer américains représente donc non-seulement, comme les obligations françaises, un droit de préférence sur les produits de l'exploitation, mais aussi un droit de gage direct et absolu sur la propriété elle-même, droit qui prime toute autre créance postérieure en date, fussent-ce les dépenses d'entretien et de réparation.

Si, comme les obligataires français, les porteurs de bonds américains n'ont droit qu'à un intérêt fixe et à un remboursement par amortissement dans un délai donné, s'ils sont tous deux exclus des chances favorables de l'exploitation, du moins les porteurs de bonds hypothécaires américains n'ont pas à craindre de perdre leur capital, lorsque les produits de l'exploitation viennent à être insuffisants, puisqu'il leur reste un droit de gage sur la propriété même du chemin; et surtout ils n'ont rien à redouter de l'extension exagérée du réseau que la compagnie pourrait, comme en France, entreprendre sans leur consentement, puisque leur gage, localisé sur les lignes que leurs capitaux ont servi à construire, prime sur cette partie tout autre engagement ultérieur de la compagnie.

Examinons maintenant sur quels principes

repose aux États-Unis le droit hypothécaire, et comment peut s'exercer la garantie que les porteurs de bonds hypothécaires ont sur les chemins de fer.

III

Principes constitutifs des obligations hypothécaires sur les chemins de fer.

Le droit hypothécaire aux États-Unis est réglé par la législation civile de chacun des États composant l'Union américaine. Néanmoins il s'est formé, sur ce point comme sur un grand nombre d'autres, une sorte d'uniformité de vues, de principes, qui, sauf quelques différences de détail, a conduit à une législation identique dans la plupart des États.

Le système hypothécaire adopté aujourd'hui dans la plupart des États de l'Union américaine se rapproche beaucoup du système français.

On peut même dire qu'il n'en diffère que par quelques perfectionnements de détail.

L'acte constitutif de l'hypothèque est nécessairement rédigé par écrit ; mais la loi n'impose à cet égard aucune formule obligatoire.

Il suffit que l'acte énonce clairement la volonté des parties ainsi que les immeubles donnés en garantie. Mais il est impérativement exigé que l'acte soit enregistré *in extenso* à l'*office* et dans les registres du *recorder*, officier public chargé de la conservation des hypothèques, dans le comté où les immeubles sont situés et dans celui du domicile du débiteur.

En cas de non-payement des intérêts ou du capital, la réalisation de l'immeuble se poursuit d'après des principes identiques à ceux de la loi française, sauf les interminables formalités de la saisie, qui ont été très-judicieusement simplifiées par la législation américaine.

La vente a lieu aux enchères publiques, et le prix est distribué, par ordre de date, aux créanciers hypothécaires inscrits.

La législation américaine n'admet ni hypothèque légale ni hypothèque tacite.

Tout contrat dont l'exécution peut exercer une influence quelconque sur un immeuble doit être enregistré et n'a d'effet à l'égard des tiers qu'à dater du moment de son enregistrement.

C'est à la simplicité de ce système, simplicité qui ne diminue en rien son efficacité, qu'il faut attribuer le développement qu'a pris aux États-Unis le crédit hypothécaire, ainsi que la faveur dont jouissent les bonds des compagnies de chemins de fer.

Ces principes s'appliquent indistinctement à toutes les natures d'immeubles et à tous les genres de débiteurs hypothécaires.

Les compagnies de chemins de fer ne se distinguent en rien des autres emprunteurs par hypothèque.

Néanmoins il est nécessaire de donner quelques courtes explications sur la manière dont se constitue le lien hypothécaire entre la compagnie et les porteurs de ses bonds.

Il ne pouvait être question assurément d'un lien direct entre la compagnie et chacun des porteurs, puisque ceux-ci peuvent changer chaque jour par la simple transmission du titre.

Pour y suppléer, l'usage s'est introduit d'employer des fidéi-commissaires (*trustees*) qui stipulent de la compagnie l'engagement de constituer à leur profit une première hypothèque sur l'ensemble de ses propriétés présentes et à venir, comme garantie du prêt que ces fidéi-commissaires consentent à lui faire. Ce prêt est représenté par un certain nombre de titres fractionnaires, appelés *bonds*, dont chacun jouit de la plénitude des droits hypothécaires stipulés dans l'acte constitutif. *Totus in toto, totus in qualibet parte*, comme disaient nos vieux juristes.

Chaque porteur de bonds a donc, en cas de non-payement des intérêts ou du capital, le droit de réclamer la réalisation de l'hypothèque (*foreclosure*) et d'exiger le remboursement de son titre sur le prix de la vente.

Ces fidéi-commissaires ont été d'abord des personnes privées, recommandables par leur position sociale, leur habitude des affaires et leur intégrité. Mais bientôt, malgré les qualités supérieures et l'éminente position de la plupart des personnages choisis pour être *trustees* d'hypothèque à l'égard des compagnies, on a été amené à reconnaître que l'attribution de ces fonctions à des personnes privées pouvait entraîner de graves inconvénients, des dangers même, en cas d'absence ou de mort des *trustees*, en cas d'embarras dans leurs affaires personnelles, etc.

L'usage s'est introduit de confier cette délicate mission à des corporations ou compagnies spéciales, appelées *Trust companies.*

Ces *Trust companies* ont pris un grand développement.

Chacune des grandes villes de la Fédération possède deux ou trois *Trust companies.* Elles se chargent de gérer les biens des mineurs, des veuves, des orphelins. C'est la plupart du temps à ces compagnies que les testateurs délèguent l'administration des biens grevés de substitution. En outre, ces corporations stipulent comme créanciers hypothécaires à l'égard des villes, des comtés, des compagnies de chemins de fer ou autres sociétés industrielles; et c'est en leur nom que les actes hypothécaires sont enregistrés dans les registres publics.

C'est aussi en leur nom que se poursuit la procédure de saisie ou *forclosure;* c'est à elles que le produit de la mise en vente publique est attribué; et ce sont elles qui le distribuent entre les porteurs de bonds.

Ces attributions des *Trust companies* expliquent naturellement le mécanisme adopté pour l'émission des bonds, le payement des intérêts et l'amortissement par tirage au sort.

En effet, comme chacun des bonds hypothécaires n'est qu'une fraction de la constitution hypothécaire elle-même, on conçoit que chaque bond soit signé, d'une part, par le président et le secrétaire de la compagnie de chemin de fer, partie débitrice; d'autre part, contre-signé par le président de la *Trust company*, partie créancière, pour certifier que ce bond fait réellement partie de la série des bonds créés pour représenter le capital emprunté. On conçoit également que la série totale ou partielle de ces bonds ne puisse être émise que par la *Trust company*, partie créancière, et contre le versement du prix de chacun de ces bonds. On conçoit enfin que ce soit à la *Trust company* que la compagnie de chemin de fer ait à verser, à l'époque prescrite, la somme représentative des intérêts et de l'amortissement, afin de la faire parvenir et de la distribuer aux porteurs des bonds; et que les coupons échus ou les titres amortis soient adressés à la *Trust company* et remis par celle-ci à la compagnie de chemin de fer comme pièces probantes de sa libération.

En outre, la *Trust company* a en tout temps le droit de s'assurer auprès de la compagnie de chemin de fer, surtout pendant la période de construction, que l'emploi des fonds provenant de l'emprunt hypothécaire a lieu conformément aux prévisions du contrat, et même de retenir les sommes versées à valoir sur l'emprunt jusqu'à ce qu'il lui ait été certifié, par des ingénieurs de son choix, qu'une quantité correspondante de travaux a été effectuée.

On voit, par cette rapide analyse, l'importance du rôle des *Trust companies* dans la constitution du titre hypothécaire et leur utilité pour la défense éventuelle des droits qui en dérivent.

Mais, ainsi qu'il est facile de l'imaginer, ce n'est pas dès l'abord et, pour ainsi dire, d'un seul coup qu'on est arrivé à prendre ces précautions minutieuses, et d'autres encore dont nous parlerons plus bas.

On était loin au début de pratiquer ces règles de prudence. Il a fallu les dures leçons de l'expérience pour en démontrer l'utilité.

Si la trop longue histoire des tribulations des créanciers du chemin de fer de l'Érié peut avoir été pour beaucoup de personnes une source de scandales, elle a été une féconde source d'enseignements pour le législateur américain non moins que pour les *Trust companies;* et c'est aux fraudes audacieuses qu'une législation insuffisante et trop naïve a pu permettre de consommer impunément qu'on est redevable du système de lois vraiment perfectionné qui régit aujourd'hui les compagnies de chemins de fer.

IV

Éléments financiers du crédit des compagnies de chemins de fer. — Compagnies avec concession de terres domaniales. — Compagnies sans concession de terres domaniales.

Au point de vue de leur organisation financière, l'histoire des compagnies de chemins de fer se divise en deux périodes, séparées par le long et sanglant intervalle de la grande guerre de la sécession.

Avant cette triste époque, les compagnies de chemins de fer s'étaient renfermées dans le cercle restreint du crédit national.

C'est avec le concours exclusif des capitaux américains que s'est construite la très-grande majorité des lignes ferrées existant avant la guerre.

C'est aussi durant cette période que se sont produites, dans la constitution des compagnies et dans l'établissement de leur passif hypothécaire, les erreurs financières qui ont entraîné tant de mécomptes et jeté une sorte de discrédit sur les bonds de chemins de fer.

L'expérience faisait encore défaut.

Le législateur et après lui les *Trust companies* n'avaient pas su prévoir les abus, les fraudes même que le malin génie de quelques spéculateurs effrénés trouvait moyen d'abriter derrière des lois trop sommaires ou pour mieux dire trop inexpérimentées.

Les créanciers et les actionnaires des compagnies anciennes, telles que celle de l'*Erie Railway*, portent encore la peine du laisser-aller excessif avec lequel les règlements qui les gouvernent ont été rédigés, il y a quinze ou vingt ans.

C'est à ces dures leçons que nous devons attribuer les améliorations incessantes apportées, depuis la guerre, à la législation sur les chemins de fer et à la constitution du crédit hypothécaire des compagnies sur des bases et dans des limites conformes aux vrais principes. C'est aussi de ce moment que date la confiance que cette nature de titres a pu acquérir parmi les capitalistes de l'Allemagne, de la Hollande et de l'Angleterre.

Autrefois, c'est-à-dire avant la guerre, la faculté pour les compagnies de contracter des emprunts et d'émettre des bonds hypothécaires n'avait d'autres limites que la facile confiance du public à les accepter. Aujourd'hui, les limites de l'émission des bonds de première et de seconde hypothèque sont soigneusement fixées, soit par les chartes de concession, soit par les statuts sociaux (*by-laws*), soit le plus souvent par les contrats hypothécaires eux-mêmes.

Cette limite est calculée suivant le nombre de milles linéaires à construire et à tant de dollars par mille. Le chiffre de cette limite de prêt varie naturellement d'après la nature de la voie à construire et les diverses espèces de gages immobiliers que la compagnie peut offrir. Ainsi les lignes à une voie ne peuvent être hypothéquées que pour une somme inférieure à celle qu'on autorise pour l'hypothèque d'une ligne à double voie ou à triple voie.

Il s'est introduit à cet égard, et graduellement, une sorte de règle de pratique ou d'empirisme, qui consiste à mesurer l'importance de la dette hypothécaire des compagnies à la somme totale de la valeur du fer des rails et de la valeur vénale des terres sur lesquelles la voie est construite ; de telle sorte qu'en supposant que le créancier hypothécaire dût recourir à la mesure la plus extrême d'exécution, c'est-à-dire à faire vendre la ligne pour le poids du fer et pour la valeur des terres, le remboursement de sa créance soit encore assuré.

Cette règle assurément n'a rien d'absolu ni de rigoureusement exact; cependant elle sert de guide dans l'appréciation du rapport entre les frais prévus de construction de la ligne et l'étendue des ressources que le crédit hypothécaire de la compagnie peut lui procurer.

En effet, ainsi que nous l'avons déjà remarqué plus haut, tandis que les compagnies françaises ne s'appuient pour la construction de la ligne que sur leur *capital-actions*, dont le versement est indispensable pour donner au *capital-obligations* sa raison d'être, puisque la compagnie ne possède rien qu'un droit d'usufruit temporaire, les compagnies américaines emploient surtout leur crédit hypothécaire et comptent sur le produit de la négociation d'un emprunt pour construire la plus grande partie de la ligne dont elles sont les propriétaires absolues et perpétuelles.

Les souscriptions locales, les concessions de terres domaniales complètent les ressources nécessaires, et viennent par leur concours fortifier le gage offert aux créanciers de première hypothèque. Le capital-actions n'intervient qu'en dernière ligne. Et si la législation des chemins de fer dans certains États exige le versement préalable d'un dixième du capital-actions, c'est moins à titre de ressource financière que comme un moyen de contrôler le caractère sérieux des souscripteurs qui composent la compagnie.

De là l'erreur si générale parmi les Français, économistes, écrivains, financiers ou administrateurs chargés d'éclairer le gouvernement et le public sur le mérite de ces sortes d'entreprises, erreur qui les porte à critiquer l'organisation et à discuter la solidité des compagnies américaines de chemins de fer, parce que la totalité du capital social n'est pas versée comme en France.

De là aussi les opinions peu réfléchies de quelques administrateurs de chemins de fer américains qui sont portés à penser que la fusion du réseau américain en quelques grandes compagnies, comme en France, contribuerait à augmenter le crédit de ces sortes d'entreprises et rendrait le service plus facile et plus régulier. Il est évident au contraire, par ce qui commence à se passer en France, que l'absence de concurrence pour les transports et le maintien obstiné des tarifs causeraient au commerce un préjudice incalculable, et jetteraient tôt ou tard la perturbation dans la direction imprimée par le public à ses expéditions.

On sait, en effet, qu'une partie du commerce naturel de transit échappe dès à présent à la France et s'en détourne pour éviter l'élévation des tarifs et les lenteurs des compagnies privilégiées du réseau français.

Nous avons parlé en passant du concours que les compagnies de chemins de fer obtiennent le plus souvent soit de la part des localités qu'elles traversent, sous la forme de bonds de comtés ou de villes, soit de la part du domaine public, sous la forme de concession de terres domaniales le long de la ligne.

Comme chacun de ces genres de subvention constitue pour les compagnies des ressources importantes, il est nécessaire de s'y arrêter un moment.

Les souscriptions locales sont généralement usitées aux États-Unis pour faciliter l'établissement d'un chemin de fer à travers des comtés qui en sont privés et qui sont situés à trop longue distance des lignes existantes. Ces souscriptions sont infiniment variables dans leur forme et leur importance; elles dépendent du genre de ressources dont le comté ou les particuliers peuvent disposer et de l'importance que les habitants attachent à la construction de la future ligne. Généralement elles s'obtiennent sous la forme de bonds dont l'émission par les comtés est autorisée par la législature de l'État ou par la cour du comté.

Le payement de l'intérêt et de l'amortissement de ces bonds est garanti par une taxe spéciale que la législature de l'État ou la cour du comté établit dans ce but, et qui se perçoit par le collecteur comme les autres taxes. Ces bonds sont remis à la compagnie de chemin de fer pour les négocier au fur et à mesure de l'avancement des travaux. D'ordinaire le chiffre de ces donations en bonds s'élève au tiers de la dépense totale de la construction de la ligne.

Ces bonds de comté se négocient d'ailleurs facilement et à un taux élevé, soit dans le public, qui les considère comme des valeurs de premier ordre depuis que la jurisprudence fédérale en a réglé le mode d'exécution en cas de refus de payement; soit parmi les habitants du comté, qui s'en servent pour compenser le payement de leurs taxes avec l'intérêt de ces titres.

Les concessions de terres domaniales sont considérées comme une subvention plus précieuse et plus importante encore.

On sait que le domaine fédéral est propriétaire des terres inoccupées qui existent sur toute la superficie de l'Union américaine. Cette surface dépasse quinze cents millions d'acres ou plus de six cents millions d'hectares, dont une très-grande partie, située dans le gigantesque bassin central du continent septentrional, se compose de terres non défrichées, mais d'une exceptionnelle fertilité.

Plus du tiers de ces terres ont été cadastrées, depuis 1785 jusqu'à ce jour, d'après un système géodésique dont les méridiens et les parallèles forment la base, et qui consiste à subdiviser la surface du terrain en une multitude de carrés dont l'unité typique est le mille carré, ou section de 640 acres.

Cette unité se multiplie par 36 et forme alors la surface appelée *township;* elle se subdivise par 2, 4 ou 8 sous-multiples, qui prennent le nom de *demi, quart, huitième* ou *seizième* de section, suivant que ces surfaces représentent 320 acres, 160 acres, 80 acres ou 40 acres.

Dans l'administration domaniale, chaque section possède une sorte d'individualité distincte. Elle a son histoire, son état descriptif, et pour ainsi dire son état civil, par l'enregistrement des mutations ou hypothèques qui se sont produites à son égard. On peut, en donnant le numéro d'ordre de la section et le siége du bureau domanial (*Land agency*) dont elle dépend, obtenir immédiatement les renseignements les plus circonstanciés sur la nature des terrains dont elle se compose, les arbres qui la couvrent, les sources ou les cours d'eau qui l'arrosent ; et, si la section a été vendue, les mutations de propriétaires qu'elle a subies, les charges qui la grèvent.

Dans les vastes régions des États de l'ouest qui sont encore inhabitées, les terres domaniales sont sans valeur et le trésor fédéral n'en tire aucun avantage. Pour en recueillir des produits, il faut que la population afflue sur ces terres inoccupées; mais il ne suffit pas, pour l'attirer, d'un sol fertile, d'un beau climat et de grandes facilités de payement : il faut surtout des voies de communication rapides qui, d'une part, relient les nouveaux colons au reste du monde civilisé, et qui, d'autre part, leur permettent d'exporter quotidiennement leurs produits vers les grands marchés de consommation.

Le gouvernement fédéral a entrepris de réaliser ces conditions en concédant gratuitement aux compagnies qui s'engageraient à construire des chemins de fer dans ces contrées sauvages une certaine étendue de terres domaniales de chaque côté de la ligne projetée. Mais il n'a pas voulu pour cela se désintéresser des progrès de la contrée et perdre la plus-value qui doit nécessairement résulter de la construction de la nouvelle ligne. Le Gouvernement a, en conséquence, adopté pour règle de n'accorder la concession domaniale parallèlement aux lignes projetées que par sections alternes, réservant ainsi au domaine la propriété d'une section sur deux, sauf à laisser à la compagnie la faculté de vendre son lot avant celui du domaine.

Le trésor fédéral gagne doublement à cette combinaison. D'une part, il est certain de donner à ses terres la plus-value considérable qui s'attache aux immeubles d'un pays peuplé et cultivé; d'autre part, l'affluence d'une nouvelle population dans des contrées encore incultes augmente sensiblement le nombre des contribuables et le produit des taxes fédérales et locales.

C'est à cet intelligent système de concessions territoriales qu'est dû le rapide développement du réseau des chemins de fer dans les États situés au delà du Mississipi, et, par suite, le merveilleux accroissement de la population et de la culture dans ces fertiles régions, au point que le gouvernement fédéral croit pouvoir désormais se dispenser d'intervenir dans la construction des lignes nouvelles, abandonnant ainsi les compagnies à leurs propres forces, tant le transit et le mouvement local des marchandises leur assurent des produits rémunérateurs.

Dans l'organisation financière des compagnies et dans l'appréciation des ressources dont elles disposent, on comprend que l'absence ou l'existence d'une vaste concession territoriale change notablement les éléments de son crédit hypothécaire, surtout quand la concession territoriale est placée dans une région fertile comme celle des prairies transmississipiennes, où le mouvement de l'émigration tend à se porter de plus en plus.

Aussi peut-on à cet égard diviser les compagnies de chemins de fer en deux classes distinctes : les compagnies possédant des concessions territoriales, et les compagnies, beaucoup plus nombreuses, qui n'en possèdent pas. Cette division est celle que nous croyons devoir adopter pour nos études sur les chemins de fer américains.

Nous commencerons, dans cette première étude, par exposer les conditions économiques et financières des compagnies possédant une concession territoriale, et, comme exemple, nous choisirons celle de ces compagnies qui nous semble réunir au plus haut degré les caractères de solidité et de prospérité actuelle et future qu'on est en droit d'attendre d'une compagnie sagement administrée.

La compagnie du *Missouri, Kansas and Texas Railway*, nous servira de type pour cette première étude.

V

Le Missouri, Kansas and Texas Railway. — Son étendue. — Ses embranchements. — Ses correspondances ou connexions avec les réseaux de l'Est et du Nord.

La ligne du *Missouri, Kansas and Texas Railway*, traverse, ainsi que son nom l'indique, les États du Missouri et du Kansas méridional, pour atteindre par le Territoire indien, à la frontière nord du Texas, le réseau des chemins de fer texiens, le *Texas central* et le *Houston, Galveston* et *Austin Railway*.

Il forme ainsi la communication la plus directe entre les États du nord-est, les villes de Chicago et de Saint-Louis, et les États du sud, ainsi qu'avec le golfe du Mexique.

Sa longueur est de 709 milles entièrement construits et en exploitation depuis quelques mois.

En jetant un coup d'œil sur la carte qui accompagne cette étude, on aperçoit que la ligne se compose de plusieurs branches originairement concédées à des compagnies distinctes.

La branche occidentale, qui de Junction City, sur le chemin de fer du Kansas Pacific, se dirige vers la frontière sud de l'État du Kansas par le Neosho Valley, portait primitivement le nom de *Union Pacific southern branch* (branche méridionale) (1).

La branche orientale, qui de Sedalia, sur le *Missouri Pacific*, s'étend au nord vers Moberly et au sud vers la frontière méridionale du *Kansas*, rejoignant à *Parsons* la branche précédente, portait originairement le nom de *Tebo Neosho Railway*.

C'est en acquérant les chartes de concession de ces deux compagnies et en obtenant, en vertu des traités faits entre le gouvernement fédéral et les tribus indiennes, le privilége exclusif de traverser le territoire indien dans la direction nord et sud,

(1) Voir à cet égard l'*Essai sur l'organisation des Chemins de fer du Pacific Railway Southern Branch et de leurs bonds hypothécaires*, que nous avons publié en 1869 (Paris, Vieweg, éditeur).

afin de se relier au réseau des chemins de fer du Texas, que la compagnie actuelle a pris le nom de compagnie du *Missouri, Kansas and Texas Railway*.

Ces diverses fusions se sont opérées en 1868 et 1869, et ce n'est qu'à partir de cette époque que les travaux de construction ont été sérieusement entrepris.

En trois ans, la Compagnie a fait construire 709 milles (1,136 kilomètres) de chemins de première classe, dont les rails, pesant 56 livres par yard, sont du meilleur fer anglais, les entraits ou traverses de chêne rouge ou d'acacia, les aqueducs en pierre de taille, les ponts (quelques-uns constituent de véritables ouvrages d'art) du meilleur système adopté aux États-Unis, en pierre et en fer, avec des tabliers de bois rendu incombustible par le procédé de Brunnett. La construction a donc été poussée à raison de plus d'un demi-mille par jour de travail, ouvrages d'art compris.

Outre de nombreux trains de marchandises et de bétail, il circule par jour, entre Saint-Louis, devenu, comme nous le verrons plus bas, la tête de ligne de la Compagnie, et la frontière du Texas, deux trains express de voyageurs, pourvus de wagons-palais et à restaurant, ainsi qu'il en existe sur les lignes les plus fréquentées de l'est, de New-York à Washington par exemple.

A Sedalia, qui forme le *terminus* oriental du *Missouri, Kansas and Texas*, la ligne se bifurque.

La branche du sud se dirige vers la frontière méridionale du Kansas.

La branche du nord se dirige vers Boonville, Fayette et Moberly.

Sur ce parcours de 72 milles, la branche du nord franchit à Boonville la rivière Missouri sur un pont de plus de 1,200 mètres, et se relie à Fayette et à Moberly avec le réseau des chemins de fer qui, partant de Chicago, sillonnent dans tous les sens l'Illinois, le Missouri et l'Iowa. C'est la ligne la plus directe entre Chicago, les États du sud-ouest et le golfe du Mexique.

La branche du sud, à partir de Sedalia, va rejoindre à Parsons l'ancienne ligne dite *Union-Pacific-Branche-Sud*, qui traverse la fameuse vallée du Neosho, de Junction-City à Parsons.

A partir de ce point, le *Missouri, Kansas and Texas*,

ne forme plus qu'un tronçon unique, qui court presque droit au sud à travers le territoire indien, coupant à Vinita l'*Atlantic and Pacific*, qui de Saint-Louis se dirige vers l'ouest, et se reliant à la frontière septentrionale du Texas, sur la rive gauche de la rivière Rouge, au réseau des chemins de fer texiens, qui traversent les comtés du Texas, les plus riches en bétail, en coton et autres produits agricoles.

VI

Caractères physiques de la contrée. — Climat.
Fertilité. — Richesses minérales.

Tous les voyageurs ont signalé le singulier contraste que présentent les contrées situées soit sur l'une soit sur l'autre rive du Mississipi. Elles semblent appartenir à deux mondes différents.

A l'est du fleuve, des paysages riants plutôt que grandioses, une succession de prairies, de forêts, de collines boisées, plutôt que de montagnes ; des vallées étroites, des rivières navigables, mais d'une médiocre étendue, une nature enfin qui rappelle par ses petites proportions celle d'Europe.

A l'ouest, au contraire, sur près de 80,000 milles carrés, un immense tapis de prairies qui, du confluent du Kansas-River avec le Missouri, s'étend jusqu'aux montagnes Rocheuses. C'est un véritable océan de verdure, avec ses vagues verdoyantes et fleuries qui ondulent et se succèdent. On le traverse des jours et des mois sans en voir le terme, mais aussi sans se lasser d'ên admirer la majestueuse beauté. Sur cette herbe fine et serrée qui couvre la prairie, tous les bruits s'étouffent; le grincement des roues des wagons de l'émigrant, le mugissement des troupeaux de buffles. Tout s'éteint et se tait pour ne laisser entendre que la grande voix de la nature et trop souvent le souffle de la tempête, irrésistible dans la prairie comme au désert.

Le climat du Kansas et des prairies du Territoire indien est d'une remarquable régularité. De mars à juin, c'est la saison des pluies, non pas continuelles et irrégulières comme sous les tropiques, mais tombant par ondées (*showers*), en quantité suffisante néanmoins pour pénétrer le sol et pour assurer le développement de la végétation. L'hiver qui les précède est en général sec, souvent accompagné de froids et de grands vents.

En été, les chaleurs sont tempérées par la brise

des prairies qui s'élève, comme sur l'océan, à des heures régulières. L'automne est la saison la plus délicieuse, à ce point que dans les États-Unis on désigne les beaux jours d'octobre sous le nom d'été indien : *Indian summer.*

A l'état de culture et avec le plus léger travail, la prairie se transforme en une véritable forêt de maïs, de blé, de chanvre.

« Je n'ai jamais vu blé d'une telle hauteur dans ma vie tout entière, » s'écrie l'un des voyageurs qui ont les premiers parcouru les vallées du Kansas ouvertes par le chemin de fer à la culture et à la civilisation. Le « blé, d'une qualité parfaite, se vend aisément un dollar le boisseau (*bushel*), il est habituel d'en récolter quarante-cinq à cinquante par acre de terre ».

Le mode de culture adopté dans cette région est d'ailleurs des plus simples et des plus économiques ; pas d'engrais, pas d'assolement, pour un sol vierge d'une admirable fécondité. A peine semé, après les premiers brouillards d'automne, le blé lève et se développe avec une vigueur incroyable, qu'entretiennent les pluies du printemps. En juillet, le blé est mûr. La moisson commence à l'aide de moissonneuses américaines, ingénieuses machines créées spécialement pour un pays où la main-d'œuvre atteint un prix excessif, et dont le sol, formé d'un limon sablonneux, ne présente ni cailloux ni rugosités qui puissent gêner leur emploi.

Le battage suit immédiatement la moisson. Il a lieu sur place par des manéges ou des machines à vapeur. Le blé, recueilli dans des sacs, demeure jusqu'à l'automne sur le champ qui l'a produit. La constance du beau temps permet ainsi de réduire à la seule maison du colon les bâtiments d'exploitation.

Pas de granges, pas d'écuries non plus pour un bétail qui trouve dans la prairie une nourriture abondante, et dans la douceur du climat le moyen d'éviter les atteintes du séjour en plein air.

Le chanvre, le sorgho, dont on sait faire une sorte de cassonade et de mélasse pour l'usage domestique, alternent avec le maïs et le blé dans ces puissantes cultures du Kansas. Les fruits, prunes, pêches et pommes de toute espèce y acquièrent un goût exquis et des dimensions vraiment remarquables.

Mais, au-dessus de toutes les autres, il faudra sans doute placer dans un avenir prochain la culture de la vigne, s'il est permis d'en juger par les résultats des vignobles du Missouri, dans le voisinage immédiat du *Neosho-Valley*, au milieu d'une contrée dont la configuration et la composition calcaire ne diffèrent en rien de celles des célèbres coteaux de Boonville et de Hamburg (Missouri). Les pluies abondantes des mois d'avril et de mai y avorisent le développement de la frondaison.

La fleur s'épanouit et passe au milieu des douces chaleurs de juin, et la continuité de la sécheresse pendant les mois de juillet, d'août et de septembre, complète la maturation du raisin.

Il est difficile, du reste, de rencontrer un sol dont la composition géologique soit plus favorable à la culture de la vigne que celui du Kansas méridional, et particulièrement du *Neosho-Valley*. Le fond est un calcaire magnésien qui s'étend sur la plus grande partie du *Smokyhill* et dans la vallée du *haut Neosho*. Ses assises forment les chaînes de *bluffs* ou coteaux qui bordent leurs rives. Ils s'élèvent de vingt à trente mètres de hauteur, semblables à d'immenses fortifications que couvre un épais tapis de gazon troué çà et là par des pans de roches tantôt arrondis comme des tours, tantôt à angles vifs comme des bastions. Ce sont des carrières inépuisables de ce calcaire magnésien si précieux pour les constructions, parce que, d'une taille très-facile à la hache, à la scie, à sa sortie de la carrière, sous l'influence de l'air, il acquiert ensuite la dureté, sinon le poli du marbre.

Ces matériaux ont servi à construire les villes de Manhattan, de Kansas-City, de Junction-City, improvisées en quelques mois, et qui ont pris un aspect monumental, grâce à l'emploi de ce précieux calcaire.

Les strates du calcaire magnésien affleurent presque partout à la surface, et ne sont guère couverts que d'une couche plus ou moins épaisse d'alluvions récentes, formées d'humus et de sable d'une couleur passant du brun au noir et partout d'une extrême fertilité.

Au-dessous de cette formation calcaire se trouve

le terrain carbonifère (*coal measures*), qui n'est qu'un prolongement de celui du Missouri, de l'Iowa, reconnu également dans l'Arkansas et dans une partie du territoire indien. Les couches de ce terrain carbonifère s'étendent sous la plus grande partie du Kansas, coupant à de très-faibles angles les formations permienne, triasique, crétacée, dans une direction N.-E.-S.-O., et sur une superficie d'à peu près 22,250 milles carrés. Les couches carbonifères ont presque partout conservé leur position primitive, sans failles et sans subir d'altération sensible par les cataclysmes postérieurs, ce qui en facilite l'exploitation. Les qualités combustibles du minerai augmentent en s'approfondissant et atteignent celles des meilleurs anthracites du continent.

Dans l'ouest du Kansas, un peu au delà de la vallée qui nous occupe, se trouvent les grands gisements de sel gemme qui ont valu à la colonie voisine le nom de Salinas.

Leur présence se manifeste par de nombreuses sources d'eau salée et par des marais salants d'une étendue souvent considérable. Leur couleur d'un jaune sombre et leurs efflorescences salines font tache en quelque sorte au milieu des vertes prairies du voisinage. Il n'est pas rare de rencontrer des cristallisations de plusieurs pouces d'épaisseur. L'abondance des infiltrations est extrême; elles se renouvellent très-promptement, au point de rendre inépuisable l'exploitation du sel dans le Kansas.

VII

Concessions territoriales obtenues par la Compagnie du Missouri, Kansas and Texas Railway. — Mouvement de la population immigrante. — Villes nouvelles. — Trafic local.

C'est au milieu des riches contrées que nous venons de décrire que s'étend la concession territoriale qui forme l'un des plus précieux avantages de la compagnie du *Missouri*, *Kansas and Texas Railway*.

Cette concession est située des deux côtés de la ligne, et forme, ainsi qu'on peut le voir en jetant un coup d'œil sur la carte qui accompagne cette étude, un long ruban parallèle au chemin de fer.

Elle comprend, pour la partie située dans

l'État du Kansas, 1,445,249 acres (650,000 hectares), dont :

1,320,249 acres ont été concédés par acte du Congrès en date du 26 juillet 1866.

125,000 acres formant la part de la compagnie dans un ensemble de 500,000 acres affectés aux chemins de fer par acte de la législature du Kansas en date du 23 février 1866.

1,445,249 acres.

Les concessions situées dans le territoire indien, entre la frontière sud du Kansas et la frontière nord du Texas, sont beaucoup plus importantes.

Elles comportent :

3,110,400 acres pour la partie située entre Chetopah et Denison, sur le Red-River.

1,011,000 acres pour l'embranchement du fort Smith.

4,121,400 acres de terres de première classe.

Ces dernières concessions sont situées dans le territoire indien, et se trouvent ainsi soumises à la législation fédérale qui régit ce territoire.

Il y a une grande analogie entre le régime auquel est soumis le territoire indien et le régime appliqué à notre colonie algérienne.

Le gouvernement fédéral exerce la plénitude de l'autorité législative dans l'étendue de ce territoire, qui d'ailleurs n'a d'indien que le nom, car c'est à peine s'il est occupé par quelques rares groupes de huttes indiennes. Les tribus auxquelles ces habitants appartiennent sont toutes soumises depuis longtemps. Leur éloignement pour tout travail, la disparition du gibier, des buffles notamment; les maladies de tout genre autant que l'intempérance, ont occasionné une dépopulation rapide parmi les anciennes tribus avec lesquelles les traités fédéraux ont été passés.

Les choses en sont à ce point que ce qu'il reste de ces tribus sollicite du gouvernement fédéral l'admission des blancs sur leur territoire réservé (*reservations*) et l'ouverture de cette riche contrée à la colonisation chrétienne.

On attend du prochain Congrès l'adoption d'une loi qui abolira le régime exceptionnel du territoire indien, et en fera soit une annexe de l'un des États voisins, soit un État nouveau.

Dans ce cas, l'espèce de restriction qui pèse encore sur l'absolue propriété de la compagnie disparaîtra; et celle-ci pourra disposer librement, au profit de nouveaux colons, des terres si fertiles qui composent sa concession.

Les progrès de cette colonisation seront rapides, à en juger par ce qui s'est produit depuis trois ans dans la section du Kansas.

La vallée du Neosho, qui était à peu près déserte en 1869, compte aujourd'hui plus de dix villes et un très-grand nombre de groupes agricoles qu'on pourrait appeler villages, car ils dépassent souvent 3 et 400 habitants.

Parmi les villes, c'est d'abord *Junction-City*, à la jonction de la ligne du *Missouri, Kansas and Texas* avec la ligne du *Kansas Pacific*. Fondée seulement depuis quelques années, elle compte aujourd'hui près de 5,000 habitants; elle possède des écoles, un collége, deux ou trois journaux.

Au milieu de la vallée, à la jonction du *Missouri, Kansas and Texas* avec le chemin de fer d'*Atchison, Topeka and Santa-Fé*, s'élève la ville d'*Emporia*, qui compte plus de 5,000 habitants, une école normale supérieure suivie par près de 150 élèves-maîtres, une école d'agriculture, un grand nombre d'usines à vapeur, de moulins hydrauliques. *Emporia* n'a pas plus de cinq ans d'existence.

Plus rapide encore a été le développement de la ville de *Parsons*, qui, fondée le 5 novembre 1870, compte aujourd'hui 4,000 habitants, deux églises, des écoles et les ateliers de la compagnie du *Missouri, Kansas and Texas*. C'est d'ailleurs le point de jonction des deux branches de la ligne.

Chetopah, à la frontière du territoire indien, est déjà une ville de 3,000 habitants.

Et à l'autre extrémité de la ligne, sur la rive gauche de la rivière Rouge, dans le *Texas*, la ville de *Denison*, fondée il y a quelques mois à peine sur des terrains acquis par la compagnie, compte plus de 2,000 habitants accourus de toutes parts pour profiter des avantages de la voie nouvelle.

Au-dessous de ces principaux centres, nous

citerons *Council-Grove*, *Burlington*, *Neosho-Falls*, *Humboldt*, *New-Chicago*, *Oswego*, etc., etc.

C'est au total une population de plus de cent mille habitants, dont l'exportation et l'importation commerciales s'opèrent par la nouvelle ligne, et qui ne cesse de s'accroître avec l'établissement de débouchés nouveaux.

VIII

Trafic général. — Relations commerciales du Missouri, du Kansas, du Texas, avec les États de l'Est de la Confédération.

En jetant un coup d'œil sur la carte qui accompagne cette étude, il est facile de comprendre le but que se sont proposé les fondateurs de la compagnie du *Missouri, Kansas and Texas Railway.*

Le mouvement de la colonisation des États de l'ouest et du nord-ouest, dont les villes de Saint-Louis et de Chicago sont les principaux centres, a imprimé au réseau des chemins de fer de cette partie des États-Unis une direction commune vers l'ouest, dont les deux grandes lignes de l'*Union Pacific*, d'Omaha à San Francisco, et du *Missouri and Kansas Pacific*, de Saint-Louis à Denver et Cheyenue, sont les prolongements extrêmes.

C'est vers ces deux lignes principales que convergent la plus grande partie des lignes secondaires qui sillonnent les États de l'Illinois, du Wisconsin, du Missouri, de l'Iowa.

Mais si ces embranchements sont fort utiles aux deux grandes lignes qu'ils desservent, ils ne sauraient créer une communication directe entre les marchés du nord, Saint-Louis et Chicago, et les centres de production des États du sud, notamment du Texas, le plus étendu, le plus riche et bienôt l'un des plus peuplés de la région méridionale de l'Union américaine.

Il y avait donc une lacune dans le système des communications par chemins de fer entre les nouveaux États de l'ouest et les anciens États de la Confédération. C'est cette lacune que la compagnie du *Missouri*, *Kansas and Texas* a entrepris de combler.

De là, la double tête de ligne qu'elle s'est donnée, l'une à l'est, sur le *Missouri Pacific*, à *Sedalia;* l'autre à l'ouest, sur le *Kansas Pacific*, à *Junction-City*.

Par *Sedalia* la compagnie est, à l'est, en communication directe avec Saint-Louis, où, par un contrat spécial conclu avec la compagnie du *Missouri Pacific*, elle a pu établir le centre de son administration commerciale.

Au nord de *Sedalia*, par son embranchement sur *Boonville, Fayette* et *Moberly*, la compagnie communique directement avec toutes les lignes dont Chicago est le centre, et procure ainsi au commerce le mode de transport le plus rapide et le plus court entre Chicago, Saint-Louis et les États du sud.

Les lignes bleues et les lignes vertes qui, sur la carte, distinguent ces deux groupes de chemins de fer, permettent d'apprécier l'importance des relations commerciales qui s'offrent à la compagnie dans cette partie de son chemin de fer.

A l'ouest, par *Junction-City*, la compagnie est en communication directe avec le Colorado, les Montagnes-Rocheuses et les exploitations minières qui, autour de Denver, prennent de plus en plus d'importance. Quoique les lignes jaunes indiquant cette partie du réseau ne soient pas aussi nombreuses que celles du réseau de l'est et du nord, l'utilité des chemins qu'elles figurent n'est pas à dédaigner. Les travaux qui s'exécutent de toutes parts dans le Colorado et le Nouveau-Mexique, avec une activité tout américaine, augmentent chaque jour l'importance de ces communications.

Si maintenant, des deux têtes de ligne du *Missouri, Kansas and Texas,* au nord, nous passons à son extrémité sud, dans le Texas, nous apercevons tout un ensemble de chemins de fer venant aboutir à *Preston* et s'y relier avec notre ligne. C'est le réseau du Texas, qui, pour n'être qu'à son début, a déjà pris une grande extension et se complète rapidement.

Afin d'apprécier avec exactitude l'importance du mouvement commercial qui se produit entre les États de l'ouest et ceux du sud, et par suite afin d'évaluer quel devra être le trafic général dont profitera la ligne du *Missouri, Kansas and Texas,* il est nécessaire de jeter un coup d'œil rapide sur la situation commerciale et agricole des États que cette ligne est appelée à relier entre eux.

IX

État du Missouri.

Nous commencerons par l'État du Missouri, l'un des plus importants par sa population et le plus directement relié au chemin dont nous nous occupons, puisque Saint-Louis, ville principale de cet État, lui sert de tête de ligne.

L'État du Missouri compte 1,800,000 habitants sur une étendue de 67,800 milles carrés, dont l'immense majorité se compose de terres fertiles propres à la culture des céréales, des fruits et particulièrement de la vigne. Les vignobles du Missouri ont acquis déjà une réputation méritée par la qualité des vins blancs qu'ils produisent, et dont la consommation s'étend à la plupart des États de l'Union, notamment à ceux de l'ouest.

Dans les comtés du sud, des gisements alternatifs de fer et de charbon de terre ont permis de développer sur une échelle assez importante la fabrication du fer.

En outre, les facilités toutes particulières que donne à la navigation fluviale le confluent du Missouri et du Mississipi font affluer à Saint-Louis une immense quantité de fret destiné aux États du sud-ouest, fret qui augmente dans des proportions considérables le trafic des chemins de fer qui de Saint-Louis se dirigent vers le Kansas et le Texas.

On comprend donc tout l'intérêt que devait présenter à la compagnie du *Missouri*, *Kansas and Texas*, la faculté de prolonger sa ligne depuis Sedalia, son point de départ primitif, jusqu'à Saint-Louis. Ce but, elle l'a atteint récemment par un contrat passé entre elle et la compagnie du *Missouri Pacific*, contrat qui l'autorise à utiliser directement, et pour son compte, la voie établie par le *Missouri Pacific* entre Saint-Louis et Sedalia, et à former à Saint-Louis même les trains de passagers et de marchandises qui, sans rompre charge et sans changer de wagons, vont directement de Saint-

Louis par *Sedalia* au terme de la ligne, c'est-à-dire à *Preston* et à *Denison*, dans le Texas.

L'expérience des six derniers mois de l'année 1872 a montré l'immense transit qui s'opère ainsi entre Saint-Louis et les États du sud-ouest.

X

État de l'Illinois.

Bien que l'État de l'Illinois ne se rattache pas directement à la ligne qui fait l'objet de cette étude, il exerce cependant sur le transit et le trafic général du *Missouri, Kansas and Texas* une influence considérable, surtout par sa ville principale, Chicago.

Placé entre la chaîne des Alleghanys et le Mississipi, l'Illinois présente un caractère mixte et procède en quelque sorte de la nature de ces deux contrées.

Ce n'est plus un État de l'Atlantique, ce n'est pas encore un État du Far-West.

Industriel dans certains de ses comtés, comme

l'est la Pensylvanie ; agricole dans d'autres, comme l'est l'Iowa ; en un mot, l'Illinois reflète le signe caractéristique de sa situation ; il est le lien hydrographique et politique entre la vallée du Mississipi et les lacs du nord.

La population de l'Illinois est de 2 millions et demi d'habitants ; la fertilité de son sol est extrême : elle n'est surpassée que par celle des prairies du Kansas et du Territoire indien.

La récolte en blé et autres céréales a dépassé 280 millions de bushels en 1871. L'élevage du bétail y atteint des proportions extraordinaires.

Quatre millions de bêtes à cornes, quinze cent mille porcs, deux millions de moutons, un million de chevaux sont élevés dans les prairies de l'Illinois et forment le principal approvisionnement des marchés de Chicago.

Mais ce qui est plus intéressant encore pour le transport des chemins de fer, c'est le développement merveilleux de l'industrie métallurgique et des manufactures dans l'Illinois, surtout dans les comtés du sud-ouest, les plus voisins de Saint-Louis, qui se rapprochent le plus par conséquent des contrées desservies par le *Missouri, Kansas and Texas Railway*.

Le point le plus important de cet État est assurément la ville de *Chicago*, le centre commercial des États du nord-ouest de l'Union.

Chicago, qui, en 1830, n'était qu'un fort perdu au milieu de tribus indiennes que suffisait à contenir une demi-compagnie d'infanterie, est aujourd'hui une ville de plus de 300,000 âmes, dont toute la population est exclusivement adonnée au commerce de transit, dont son heureuse position lui assure le monopole.

La ligne du *Missouri, Kansas and Texas* se relie avec *Chicago* à *Moberly* par un réseau de chemins de fer qui sont tracés en vert sur la carte annexée à cette étude.

Il suffit d'y jeter un coup d'œil pour voir que la ligne est presque droite entre *Chicago*, *Quincy*, *Moberly*, *Sedalia* et *Parsons*, à la frontière du Kansas et du Territoire indien; et que le trajet entre ces points ne comporte pas d'autres correspondances que celle du *Chicago Burlington and Quincy Railway* avec le *Missouri, Kansas and Texas*.

Les avantages de ce tracé, le plus court de tous, sont trop évidents pour que le commerce puisse hésiter dans le choix de cette ligne pour le transit entre Chicago et les États du sud-ouest.

XI

État du Texas.

Le Texas, par son étendue, par sa population, par son éloignement, peut être comparé à la Californie. Il représente une superficie égale à celle de la France. Lors du recensement de 1870, sa population était de 818,579 habitants; elle est probablement aujourd'hui, grâce à l'émigration, de plus d'un million. De même que la Californie, le Texas ne pouvait communiquer que par mer avec les autres États de l'Union, faute de voies rapides pour franchir les vastes plaines qui s'étendent entre la rivière Missouri et la rivière Rouge. Enfin, on trouvait entre les deux États ce dernier point de ressemblance qu'ils avaient échappé aux ravages de la guerre civile.

Le Texas, seul entre les États du sud, n'a pas servi de champ de bataille aux armées.

Sa prospérité matérielle n'a pas progressé pendant les quatre années du conflit, mais les sources de cette prospérité n'ont pas été taries. L'isolement où s'est trouvé temporairement cet État ne lui a pas été funeste, parce qu'il se suffisait à lui-même. C'est ainsi, par exemple, qu'au plus fort de la guerre on a pu conserver, comme en Californie, les monnaies d'or et d'argent dans la circulation. Le numéraire forme encore la base de toutes les transactions, et l'on n'emploie le papier-monnaie fédéral que pour le paiement des impôts et des marchandises venant du nord. Il a suffi de quelques années pour permettre à l'État de regagner le temps perdu et pour rivaliser avec les États les plus florissants de l'ouest sous le rapport de la production agricole, de l'activité du commerce et de l'accroissement rapide de la population et de la richesse publique.

On peut juger de la richesse du Texas par un seul chiffre, celui des produits qu'il livre annuellement au commerce, En 1869, le Texas a exporté, tant vers l'Angleterre et les ports du continent que vers New-York, Philadelphie et Baltimore, pour 33,575,992 dollars en cotons, bestiaux, cuirs secs, bœuf salé et laine. En 1870, les exportations, accrues d'un tiers, ont été de 45 millions, dont 33 millions en cotons et 8 millions en bétail sur pied.

Pendant cette même période, le Texas n'achetait en dehors de ses limites que pour 25 millions de dollars. Son capital disponible se trouvait donc augmenté en une seule année de 20 millions de dollars. Ce mouvement commercial s'effectue par quinze grands steamers entre la Nouvelle-Orléans et le Texas, par dix autres entre Galveston et New-York, et par plus de cent navires à voiles constamment affectés aux transports de la côte texienne vers les ports de l'Amérique septentrionale et de l'Europe.

On sait que le Texas, le plus vaste des États de l'Union, embrasse tout le territoire situé entre la rivière Sabine, limite de la Louisiane, et le Rio-Grande. La presque-totalité de cette immense étendue comprend des terres arables affectées, les unes à la culture de la canne à sucre, du coton, du tabac, du riz et du maïs; les autres à celle du froment et de tous les produits des climats tempérés.

La partie orientale, entre la Sabine et la Trinité, est couverte aux quatre cinquièmes de forêts non encore exploitées. Bien que sa colonisation soit de date relativement ancienne, l'absence de moyens de communication retarde son développement. Le mouvement d'émigration se porte surtout vers le Texas central, qui s'étend de la Trinité vers le Rio-Colorado.

Cette région est véritablement le cœur du Texas; elle comprend les plus grandes villes, Galveston, Houston, Waco et Austin, les meilleurs cours d'eau navigables et presque tous les chemins de fer.

La population augmente plus rapidement que dans les autres parties de l'État.

Les terres du Texas central sont d'une fertilité phénoménale, surtout dans la vallée du Rio-Brazos, qui a plus de 500 milles de long et dont le sol n'a d'égal en richesse que les alluvions du Missis-sipi. Les prairies non boisées dominent, excepté le long des cours d'eau, qui sont bordés de bois de haute futaie. Le sol, suivant la localité, convient à la grande culture, aux plantes industrielles ou à l'élève du bétail. Les comtés méridionaux, dans le voisinage du golfe du Mexique, conviennent à la culture de la canne à sucre, du riz, du coton et du maïs. Les terres qu'on trouve ensuite en se dirigeant vers le nord offrent les mêmes avantages aux cultivateurs de coton et de maïs, ainsi qu'aux éleveurs de bestiaux. Enfin, dans les comtés septentrionaux, on cultive le froment sur une large échelle.

Toutes ces cultures réussissent admirablement; elles donnent des résultats dont la seule mention fait voir quel est l'avenir de l'agriculture texienne. Prenons pour exemple le coton, principal produit du Texas. L'affranchi le cultive sur son petit lot d'un acre; le fermier le cultive sur son champ de cinquante acres; le grand planteur le cultive aussi sur ses centaines d'acres. Le rendement moyen sur les terres hautes est d'environ trois quarts de balle par acre; il est d'une balle sur les sols d'alluvions. La Louisiane seule peut rivaliser avec le Texas sous ce rapport, car on sait que dans le reste du sud le rendement est le plus souvent au-dessous d'une demi-balle par acre. En ce qui concerne le froment, on a constaté pendant la guerre que la production des comtés septentrionaux suffisait à la consommation de tout l'État et qu'il restait un surplus considérable.

La farine faite du froment texien a l'avantage de ne pas s'échauffer sous l'influence des grandes chaleurs de l'été. Les chemins de fer en construction fourniront à ceux qui cultivent la précieuse céréale des débouchés qui leur manquent aujourd'hui.

A côté de la culture des plantes alimentaires et industrielles, l'élève des bestiaux vient donner aussi des résultats encourageants. Les prairies de l'intérieur fournissent pendant toute l'année des pâturages où d'innombrables troupeaux paissent en liberté. On calcule que l'augmentation annuelle est de 33 pour 100, ce qui représente le bénéfice de l'éleveur sans que celui-ci ait eu d'autres frais que de marquer les jeunes animaux, et de choisir les bœufs destinés à la vente. Des milliers d'animaux sont dirigés vers le Kansas et le

Missouri pour être réexpédiés ensuite vers les États de l'est.

Avant la construction du *Missouri, Kansas and Texas*, les troupeaux devaient traverser, par de longues et pénibles marches, les plaines du Territoire indien pour arriver sur les marchés du Kansas. Aujourd'hui les éleveurs trouvent ce marché à une distance relativement courte dans les principales stations du nouveau railway, et celui-ci jouit du monopole des transports de bétail entre la rivière Rouge et la vallée du Missouri.

En 1871, avant que ce nouveau débouché fût ouvert, on estimait que 500,000 animaux avaient traversé les plaines. En 1872, ce chiffre sera probablement doublé.

La ligne du *Missouri, Kansas and Texas*, aboutit à cette riche région du Texas central que nous venons de décrire. Il se relie à Preston, sur la rivière Rouge, au *Houston and Texas central railway*, qui forme virtuellement le prolongement de sa ligne vers Galveston, Houston, Austin et vers les autres villes du littoral texien, et qui sera le principal tributaire du nouveau railway. Les progrès de la colonisation sont très-rapides dans cette partie du Texas, grâce à la fertilité des terres arables qui s'étendent presque sans interruption jusqu'à la rivière Rouge. Il est à remarquer, du reste, que le Texas est, de tous les États du sud, le seul vers lequel se porte un fort courant d'émigration.

Les colons lui arrivent non-seulement d'Europe, mais aussi des autres régions du sud et des États du nord-ouest.

Dans la Caroline, la Géorgie, l'Alabama, on émigre vers le Texas, comme les Yankees de la Nouvelle-Angleterre émigrent vers l'Iowa ou le Nebraska. On estime que le nombre des nouveaux venus qui pénètrent sur le sol texien par voie de la rivière Rouge est de 3,000 par semaine. C'est un courant continu qui ne subit pas de temps d'arrêt.

Le bas prix des terres, la richesse du sol, la douceur du climat exercent une irrésistible attraction sur le planteur à demi ruiné des États cotonniers, sur son voisin le petit blanc et sur une foule de fermiers, d'artisans et de commerçants du nord.

Le Texas est évidemment appelé, dans un

avenir prochain, à atteindre un développement aussi prodigieux que celui de la Californie.

En résumé, il serait difficile d'exagérer les bénéfices considérables que le ***Missouri***, ***Kansas and Texas***, va devoir, dès l'année 1873, à la position unique qu'il occupe à l'égard du Texas.

XII

Territoire indien.

Entre l'État du Kansas et celui du Texas se trouve une région fort étendue qu'on appelle le Territoire indien.

C'est, en effet, le territoire que, dans leurs traités successifs avec le gouvernement de la Fédération, les tribus indiennes s'étaient réservé pour leur habitation et comme leur domaine exclusif. L'accès de ces cantonnements (*reservations*) devait être interdit à toute colonisation blanche.

La superficie de ce territoire dépasse 60 millions d'acres, plus de mille lieues carrées.

Dans cet espace, les antiques tribus ou nations des Cherokees, des Séminoles, des Choctaws, des Chicasaws, etc., devaient se retirer et vivre suivant leurs coutumes, à l'abri des attaques et même des visites des blancs.

Mais, d'une part, la dépopulation rapide de ces tribus, et, d'autre part, leurs besoins et leurs passions, qui tendent à les rapprocher sans cesse des colonies américaines pour y trafiquer du produit de leur chasse ou s'y procurer les liqueurs fortes, les armes, les munitions, les vêtements et les denrées indispensables à leur vie : ces deux causes, disons-nous, amenèrent l'abandon progressif et presque total aujourd'hui de ce que les traités obligent à appeler encore *territoire indien*, mais de ce qui n'est qu'une des plus riches et des plus solitaires contrées du centre des États-Unis.

On ne saurait, en effet, imaginer un sol plus fertile, à en juger par la nature et la vigueur des plantes sauvages et des forêts qui le couvrent. Des gisements carbonifères et métallifères s'y rencontrent dans des conditions remarquables de facilité pour l'exploitation et de richesse dans la teneur des minerais. Les travaux que la compagnie vient de faire exécuter dans toute la longueur de ce territoire, du nord au sud, ont fourni la justification de la renommée de richesse et de fertilité dont cette région a toujours joui.

Mais aujourd'hui, pressé en tous sens par les avant-postes de la civilisation, traversé du nord au sud par le *Missouri, Kansas and Texas*, et bientôt de l'est à l'ouest par l'*Atlantic and Pacific*, qui déjà s'avance jusqu'à Vinita, le Territoire indien ne peut tarder à changer de régime et à s'ouvrir à la colonisation blanche.

Le gouvernement fédéral s'est préoccupé de cet état de choses. Il se propose de présenter au Congrès un projet de *bill*, pour abolir le régime d'exception sous lequel le Territoire indien est placé depuis près de trente ans, et pour le faire rentrer dans la loi commune.

Ce qu'il reste des nations indiennes, des Cherokees, notamment, appuie énergiquement ces projets d'émancipation : car, il faut le dire, rien ne ressemble moins à la peinture que nous en ont faite les romanciers que les mœurs actuelles des tribus indiennes, possédant des écoles, des journaux, et dont la jeunesse est élevée dans les colléges et les *seminaries* de l'est.

L'ouverture du Territoire indien à la colonisation blanche doit donc se réaliser dans un avenir très-prochain. Elle sera saluée par tous les intérêts comme le point de départ d'une ère nouvelle, qui fera de l'ancien territoire indien l'un des États les plus prospères de l'Union.

La Compagnie du *Missouri, Kansas and Texas* en recueillera les plus précieux avantages : car, outre la possibilité de vendre en détail aux nouveaux colons la riche concession de terres qui lui a été attribuée, elle profitera de la notable augmentation que la présence des colons imprimera au mouvement des transports, et ses recettes de ce chef s'accroîtront d'autant.

XIII

Organisation financière de la Compagnie du Missouri, Kansas and Texas. — Étendue de sa concession domaniale. — Subsides locaux. — Capital-Obligations. — Émission de bonds hypothécaires. — Capital-Actions — Recettes réalisées. — Recettes probables.

La Compagnie du *Missouri*, *Kansas and Texas Railway* s'est formée, nous l'avons dit, par la réunion de plusieurs compagnies locales :

La Compagnie de l'*Union Pacific Southern branch ;*

La Compagnie du *Tebo and Neosho Railway ;*

La Compagnie de *Sedalia and Labette Railway ;*

La Compagnie du *Neosho-Valley and Holden-Railway*, qui ont fusionné leurs intérêts avec ceux de la compagnie principale.

Par suite de cette réunion, la Compagnie du *Missouri, Kansas and Texas Railway* a obtenu les concessions de terres suivantes :

CONCESSION DE TERRES.

1° Concession de terres dans un rayon de vingt milles, sur tout le parcours de Junction-City à Chetopah (Neosho - Valley). Bill du Congrès, 26 juillet 1861	1,320,247 acres.
2° Terres domaniales de l'État du Kansas, concédées par acte de la législature du Kansas du 23 février 1866 . . .	125,000 »
3° Terres indiennes, situées le long de la ligne, dans un rayon de vingt milles de Chetopah à Preston (sur la rivière Rouge).	
A reporter. . .	1,445,247 acres.

Report. . .	1,445,247 acres
Loi du Congrès du 25 juillet 1866 . . .	3,110,400 »
4° Terres situées dans la vallée de l'Arkansas, de Muscogee au Fort-Smith (embranchement). Loi du Congrès du 26 juillet 1866	505,600 »
Total. . .	5,061,247 acres.

De ces 5,061,247 acres attribués à la Compagnie, 1,450,000 acres sont dès à présent mis à la disposition des colons, et se vendent régulièrement de 7 à 8 dollars en moyenne.

La Compagnie a pris pour principe de ne jamais vendre plus de 160 acres par chef de famille, afin d'écarter les spéculateurs qui tenteraient de garder la terre inculte, et de profiter plus tard de la hausse des terrains voisins.

Quant au surplus, c'est-à-dire aux trois millions cinq cent mille acres situés dans le Territoire indien, bien qu'ils appartiennent en toute propriété à la Compagnie, ils ne pourront être mis à la disposition des immigrants que lorsque le Territoire indien sera soustrait au régime d'exception qui pèse encore sur lui, et qu'un acte du Congrès en aura ouvert l'accès à la colonisation blanche.

On verra, du reste, par le tableau des ventes de terres réalisées que nous donnons ci-dessous, avec quelle régularité et quelle promptitude s'effectuent les ventes de la Compagnie, et quel prix rémunérateur elle obtient des terres qui lui ont été concédées.

SUBSIDES LOCAUX.

Outre les concessions domaniales dont nous venons d'indiquer l'importance, et qui contribueront si puissamment à l'amortissement de sa dette hypothécaire, la Compagnie du *Missouri, Kansas and Texas Railway*, a obtenu d'assez importants subsides des divers comtés dont elle traverse les circonscriptions.

Ces subsides lui ont été accordés soit sous la forme de bonds votés et souscrits par les comtés, dont l'intérêt et l'amortissement s'acquittent sur le produit de taxes spéciales établies dans ce but, soit sous la forme de souscriptions et de payement d'un certain nombre d'actions de la Compagnie au pair.

Le total de ces subsides s'est élevé à environ cinq mille dollars par mille, notamment sur la ligne de Sedalia au Fort-Scott.

Ainsi qu'on l'a vu par ce qui précède, les deux bases financières de toute compagnie de chemin de fer sagement constituée sont le *capital-obligations* et le *capital-actions* dont elle dispose.

CAPITAL-OBLIGATIONS.

Le capital-obligations de la compagnie du *Missouri, Kansas and Texas* repose sur une double garantie : l'hypothèque sur la ligne ferrée elle-même, et l'hypothèque sur l'ensemble des terres qui composent la concession domaniale dont il a été question plus haut.

Un acte constitutif d'hypothèque (*mortgage deed*), en date du 1er février 1871, a défini et réglé les droits et priviléges des créanciers hypothécaires porteurs des bons du *Missouri, Kansas and Texas.*

Cet acte est passé entre la compagnie du chemin de fer et l'*Union Trust Company* de New-York. dont nous avons indiqué précédemment le rôle et les attributions.

Un extrait de cet acte est reproduit dans le corps de chacun des bonds émis en vertu de cette constitution d'hypothèque, de façon que le porteur peut à tout moment connaître les garanties qui lui sont offertes et les recours dont il dispose dans toutes les éventualités.

En voici la traduction :

ÉTATS-UNIS D'AMÉRIQUE

ÉTATS DU KANSAS ET DU MISSOURI

Compagnie du Missouri, Kansas and Texas Railway.
Bond de 1re hypothèque sur la ligne
et la concession domaniale.

Capital amortissable en or, exempt de toute taxe fédérale.

N° *Dollars* 1000.

« A tous présents et à venir, il est fait connaître que la compagnie du *Missouri, Kansas and Texas Railway* doit légitimement à la compagnie *Union Trust* de New-York, ou au porteur de ce présent bond, la somme de 1000 dollars en or (monnaie des États-Unis) que la compagnie du chemin de fer a promis et s'oblige à rembourser au porteur du présent, le 1er février 1904, dans la ville de New-York, avec les intérêts, à partir de la date du présent acte, à raison de 7 p. 100 l'an, payables en or semestriellement, dans les bureaux de la compagnie ou à ses agences, les 1er février et 1er août de chaque année, sur la présentation de la remise des coupures attachées au présent bond, suivant que chacun d'eux sera échu, conformément aux stipulations ici mentionnées. En cas de non-payement de l'un quelconque des coupons semestriels d'intérêts, et après six mois écoulés depuis cette suspension de payement, le capital du présent bond deviendra exigible de la manière qui est indiquée dans l'acte d'hypothèque.

« Le présent bond fait partie de la série de un à quatorze mille inclusivement, montant chacun à

1000 dollars, et formant en tout la somme de 14 millions de dollars, tous les bonds de ladite série étant égaux en droit et également garantis par les sécurités énoncées dans l'acte constitutif d'hypothèque du 1er février 1871, entre la compagnie du *Missouri*, *Kansas and Texas* et l'*Union Trust Company* de New-York, notamment par l'ensemble des valeurs mobilières et immobilières possédées par ladite compagnie de chemin de fer.

« Le présent bond participe en outre à un fonds d'amortissement stipulé par ledit acte d'hypothèque par l'effet duquel le présent bond sera remboursé et amorti en trente-trois années, à partir de la date des présentes, au pair, en or et par voie de tirage au sort. Avis des bonds désignés par le sort pour le remboursement sera publié dans deux journaux de New-York pendant soixante jours, après lequel délai l'intérêt des bonds cessera de courir au profit des porteurs.

« Ce présent bond est transmissible soit par tradition de la main à la main, soit par voie de transfert nominal sur les livres de la compagnie, à New-York ou dans toute autre ville d'Europe que la compagnie se réserve de désigner ultérieurement.

« Le présent bond n'est valable qu'autant qu'il est revêtu d'un certificat de la compagnie de *Trust* ci-dessus mentionnée, constatant qu'il a été légitimement émis comme faisant partie de la constitution hypothécaire.

« En foi de quoi les présentes ont été exécutées et signées par le président et le secrétaire de la compagnie de chemin de fer *Missouri, Kansas and Texas*, et scellées du sceau de la compagnie. »

Cet extrait contient les clauses les plus importantes de l'acte constitutif d'hypothèque.

Néanmoins nous croyons devoir y joindre quelques détails dignes d'intérêt.

D'abord, en ce qui touche le fonds d'amortissement, l'article 5 de l'acte constitutif d'hypothèque dispose que « le 1er février de chaque année, à partir du 1er février 1874, la Compagnie de chemin de fer sera tenue de verser à la compagnie de *Trust* représentant les obligataires) une somme équivalente à 1 pour 100 du montant total du prêt hypothécaire émis..., et que cette somme sera employée chaque année au remboursement au pair et en or d'un nombre correspondant de bonds dont les numéros seront désignés par le sort dans un tirage à effectuer dans le cours de l'année précédente ».

L'article 7 du même acte autorise la Compagnie à émettre des bonds divisionnaires de 50, de 100 et de 500 dollars, au lieu des bonds originaux de 1,000 dollars, mais pourvu que ces bonds divisionnaires portent tous le numéro d'ordre du bond originaire qu'ils représentent, et qu'ils ne se distinguent que par l'addition d'une lettre alphabétique à côté du numéro d'ordre. — Cette disposition a été dictée par la pensée que sur le continent européen, en France notamment, les petites coupures peuvent convenir mieux au public et à la majorité des capitalistes.

Mais la disposition la plus importante et qui intéresse le plus l'avenir de la compagnie est celle que formule l'article 10.

Cet article explique clairement que la faculté d'emprunter par première hypothèque n'est pas limitée à une somme totale et unique, comme celle fixée dans l'article 4, qui ne repose que sur l'état actuel des travaux de la Compagnie, mais qu'elle s'étend aux embranchements ultérieurs que la Compagnie pourrait juger utile d'établir, pourvu (*et ce point est capital*) que, dans ce cas, l'émission nouvelle de bonds hypothécaires ne dépasse pas 20,000 dollars par mille, si l'hypothèque frappe seulement sur la voie ferrée ; et 25,000 dollars si, par suite d'une concession domaniale afférente à cet embranchement, l'hypothèque porte tout à la fois sur la voie ferrée et sur les terres concédées.

Cette faculté s'explique rationnellement. L'établissement d'un embranchement nouveau, surtout s'il est doté d'une subvention territoriale, ajoute une valeur nouvelle à l'actif déjà si riche de la Compagnie.

En limitant à 20,000 dollars le montant de l'emprunt hypothécaire, on n'ajoute aucune charge réelle au passif hypothécaire, puisque cette charge est compensée par une augmentation d'actif correspondante, et que la valeur du fer des rails, celle des billes ou traverses et celle du terrain de la voie sur un mille d'étendue, s'élève facilement au chiffre de 20,000 dollars.

Du reste, la pratique en semblable matière peut

servir d'argument : nous devons dire que la confiance du public hollandais a justifié le système adopté par la Compagnie.

En effet, les 14 millions de dollars de titres indiqués dans l'acte hypothécaire ont été totalement souscrits et payés, et ils sont pour la plus grande partie entre les mains des capitalistes d'Amsterdam et de Londres, qui n'attendent que l'occasion d'une émission nouvelle pour augmenter le chiffre de leur placement sur cette valeur.

CAPITAL-ACTIONS

(*Shares*)

Dans les compagnies américaines de chemins de fer, avons-nous dit, le capital-actions n'est considéré que comme une réserve. Il ne sert pas, comme en France, de garantie pour le capital-obligations, puisque ce capital est, aux États-Unis, garanti par une hypothèque directe.

Dès lors, le versement de ce capital-actions ne devient nécessaire qu'autant que les autres ressources de la compagnie, obligations, subventions locales, etc., ne suffiraient pas pour payer les dépenses de construction et de mise en exploitation de la ligne.

Quand, au contraire, le produit de ces diverses ressources est plus que suffisant pour solder toutes les dépenses de construction et d'établissement de la voie ferrée, le capital-actions se transforme en une véritable association pour le partage des bénéfices; et les actions, dont le montant nominal n'est pas appelé et n'est pas nécessaire, deviennent des actions de jouissance, donnant droit à une part proportionnelle dans les bénéfices, après le payement des intérêts du capital-obligations et des dépenses d'exploitation.

C'est le cas des actions de la compagnie du *Missouri, Kansas and Texas Railway.*

La totalité des dépenses de construction et de mise en exploitation a été couverte et au delà par le produit des subventions locales et de la vente des bonds de première hypothèque.

La compagnie, ces bonds vendus, aura liquidé son passif. Il n'y a donc pas lieu d'appeler une portion quelconque du capital-actions.

Ce capital a été statutairement fixé à 25,000 dollars par mille de chemin de fer, montant égal au maximum du chiffre des prêts hypothécaires autorisé par l'acte constitutif d'hypothèque. Il s'élève donc actuellement à 19,467,500 dollars, divisés en 194,675 actions de 100 dollars chacune.

Ces actions sont de simples actions bénéficiaires, qui ont droit de participer aux dividendes résultant des excédants de recettes de la ligne et du produit de la vente des terres.

Pour apprécier l'importance future de ces excédants de recettes et la rapidité avec laquelle doit se produire l'augmentation mensuelle des produits de la ligne, il suffit de parcourir les deux tableaux ci-après qui, cependant, se rapportent à la période de construction :

TABLEAU DES RECETTES

DE LA COMPAGNIE DU

MISSOURI, KANSAS AND TEXAS RAILWAY

(D'octobre 1870 à décembre 1872).

ANNÉES ET MOIS.		RECETTES.		
1870.	Octobre.	21,416	27	doll.
»	Novembre.	25,672	58	
»	Décembre.	46,231	14	
1871.	Janvier.	35,147	08	
»	Février.	40,442	22	
»	Mars.	77,145	20	
»	Avril.	82,946	10	
»	Mai.	81,923	94	
»	Juin.	70,735	41	
»	Juillet.	73,225	26	
»	Août.	93,929	72	
»	Septembre.	103,779	58	
»	Octobre.	114,886	23	
»	Novembre.	117,888	48	
»	Décembre.	105,244	26	
1872.	Janvier.	81,298	81	
»	Février.	91,138	06	
»	Mars.	95,863	04	
»	Avril	117,542	»	
»	Mai.	150,673	46	
»	Juin.	143,454	50	
»	Juillet.	180,479	66	
»	Août.	171,945	16	
»	Septembre.	205,588	44	
»	Octobre.	232,098	91	
»	Novembre.	227,333	01	
	Total.	2,788,028	72	

Il importe de remarquer que ce total de 2,788,028 72 dollars représente des recettes effectuées pendant les trois années de la construction de la ligne ;

Qu'il ne comprend qu'une partie des transports qui se produiront naturellement après l'achèvement de la ligne et l'ouverture de ses communications au nord et au sud ; et qu'enfin il constate que, dès le jour de sa mise en exploitation, chaque section de la ligne a donné des produits beaucoup plus que suffisants pour payer l'intérêt et l'amortissement de la partie de la dette hypothécaire correspondante à la portion de ligne construite.

Mais on a vu, par ce qui précède, que les produits directs de l'exploitation du chemin de fer, quelque rapide que soit leur augmentation, ne forment qu'une partie des ressources dont la Compagnie dispose.

La vente des terres concédées par le domaine public a pris également une grande importance. On en jugera par le tableau suivant des ventes effectuées de novembre 1869 à novembre 1872 :

TABLEAU DES VENTES DE TERRES

FAITES PAR LA COMPAGNIE DU

MISSOURI, KANSAS AND TEXAS RAILWAY

(Depuis le mois de novembre 1869 jusqu'au mois de novembre 1872).

ANNÉES ET MOIS.	NOMBRE D'ACRES	PRIX DE VENTE.	INTÉRÊTS SUR PAYEMENTS A TERME	PRIX TOTAL.
1866 à novembre 1869 Vente parcellaire par le domaine fédéral dont le prix a été remboursé à la Compagnie. . . .	35,422 86	45,411 79	6,824 66	52.236 45
1869 Novembre	1,896 76	8,627 12	4.658 64	13 285 76
» Décembre	4,210 79	16,864 »	9,106 56	25,970 56
1870 Janvier	1,600 »	4,760 »	2,570 40	7,330 40
» Février	2,458 90	12,561 60	6,707 67	19,269 27
» Mars.	3,071 73	17,092 56	9,042 79	26,135 35
» Avril.	6,156 45	31,397 85	16,761 41	48,159 66
» Mai	6,480 13	33,349 29	17.871 88	51,221 17
» Juin	16,803 88	82,494 29	44.498 93	126,993 22
» Juillet.	28,560 38	141,705 75	76,840 64	218,546 39
» Août.	15.762 46	69,970 50	37,712 08	107,682 58
» Septembre	9,311 22	46,831 06	25.288 79	72,119 85
» Octobre	3,966 50	19,588 50	10,521 81	30,110 31
» Novembre	7,291 80	30,815 99	16,139 52	46,955 51
» Décembre	7,160 93	28,535 60	15,409 23	43,944 83
1871 Janvier.	5,489 95	25,469 89	11,960 61	38,430 50
» Février	4,191 08	21,209 88	11 453 37	32,663 25
» Mars.	6,431 25	31,149 34	16.852 18	48,001 52
» Avril.	4,629 05	22.449 35	11,434 66	33,884 01
» Mai	6,284 54	31.974 01	17,181 32	49,155 33
» Juin.	5,980 85	26,922 64	13.425 67	40.348 31
» Juillet.	3 826 19	18,736 22	10.035 95	28,772 17
» Août.	4,389 60	20,116 95	10.817 56	30,934 51
» Septembre . . .	7,868 73	45.551 81	17,357 40	62,909 21
» Octobre	7.393 11	26,950 79	7,636 33	34,587 12
» Novembre	3,502 94	15,158 76	6,313 30	21,472 06
» Décembre	2,474 93	12,846 67	5,939 05	18,785 72
1872 Janvier	1,562 »	8,343 25	2,953 39	11,296 64
» Février	1,758 09	8,115 79	3,414 05	11,529 84
» Mars.	7,133 47	30,154 86	15,412 16	45,567 02
» Avril.	5,148 37	27,021 77	14,340 27	41,362 04
» Mai	4,123 36	18,996 55	10,259 70	29,256 25
» Juin.	6,516 10	31,767 23	11.697 44	43,464 67
» Juillet	4,148 31	19 222 97	9,390 13	28,613 10
» Août.	4,685 75	17,729 30	7,572 10	25,301 40
» Septembre.	5,553 36	22,949 90	9,654 92	32 604 82
» Octobre	8,260 06	30,781 99	8,526 78	39,308 77
Total	261,611 88	1,103,625 82	534,583 75	1.638,209 57

Ce qui, pour le montant des recettes directes du Chemin de fer.	2,788,028 doll.
et des produits des ventes de terres	1,638.209 »
donne un total de revenus de.	4.426,237 doll.

pour les trois années de la période de construction, soit environ le tiers de l'emprunt hypothécaire contracté pour la construction de la ligne.

Quelques explications sont nécessaires pour apprécier toute la valeur des faits constatés dans le tableau qui précède.

Il importe de rappeler tout d'abord les conditions réglementaires adoptées par la Compagnie pour la vente de ses terres.

Ainsi que nous l'avons dit, la Compagnie a fait dresser des cartes parcellaires des terres qu'elle met en vente. Ces cartes indiquent la nature du terrain et les avantages accessoires qu'il peut offrir, les arbres qui le couvrent, les sources ou les cours d'eau qui l'arrosent et le traversent, etc. Les futurs colons ont le droit de choisir la parcelle qu'ils préfèrent.

Le prix de la parcelle est déterminé d'avance par la catégorie dans laquelle la parcelle a été classée. Si cette parcelle appartient à la première classe, le prix est de tant par acre ; si, au contraire, la parcelle appartient à la seconde classe, il est de tant, etc...

Ce tarif est modifié chaque année, s'il y a lieu, par le Conseil d'administration de la Compagnie.

Le prix fixé est payable par dixième en dix annuités, avec intérêt à 10 p. 100, taux légal de l'État du Kansas, avec faculté par l'acquéreur de se libérer par anticipation.

Ceci expliqué, on comprend aisément la portée du tableau ci-dessus.

Il prouve que, pendant les trois ans de la période de construction, il a été vendu dans la vallée du Neosho, de Junction-City à Chetopah, 261,611 acres de terre; que le prix principal de ces 261,611 acres de terre a été de 1,103,625 dollars, et que les intérêts des annuités accordées pour le payement se montent à 534,583 dollars ; soit, au total, 1,638,209 dollars.

Ces prix font ressortir la moyenne de la valeur de l'acre à un peu plus de 6 dollars.

En admettant que cette moyenne ne s'élevât pas chaque année en raison des progrès de la colonisation, et en ne tenant compte que des terres situées dans le Kansas, c'est-à-dire le long de la branche de la vallée du Neosho, on arriverait à ce résultat que la vente des 1,445,249 acres de terres formant la concession domaniale de cette section de la ligne fournirait une somme de 8,671,494 dollars en capital, c'est-à-dire près des deux tiers de l'emprunt hypothécaire contracté pour la totalité de la ligne.

Mais il est clair, à voir la régularité de marche de ces ventes et la hausse progressive de la valeur de l'acre, que les résultats de la vente de cette première partie de l'actif immobilier de la Compagnie seront, dans un délai de moins de dix ans, bien supérieurs aux chiffres que nous venons d'indiquer. Ils atteindront pour ainsi dire le montant de l'emprunt hypothécaire, laissant à la Compagnie, libres de toutes dettes, la propriété de ses lignes et le surplus de sa dotation immobilière dans le Territoire indien, c'est-à-dire près de 3,500,000 acres de terres de première classe, dont les produits combinés formeront les dividendes annuels des actions bénéficiaires.

CONCLUSION

Dans cette rapide esquisse de l'organisation financière d'une compagnie de chemin de fer américaine sagement administrée, nous avons essayé de montrer combien sont simples et solides à la fois les bases du crédit que ces sortes d'entreprises sont en droit d'inspirer aux capitalistes européens.

Nous n'avons certes pas eu la prétention d'en conclure que toutes présentent des garanties égales, et qu'on peut *à priori* et sans examen les placer toutes sur le même rang ; mais, si nous avons su être clair autant que nous avons la certitude d'être resté fidèle à la vérité, nous croyons avoir au moins ébranlé ce préjugé, trop général en France, qui porte à discréditer sans distinction toutes les compagnies américaines, parce que quelques-unes d'entre elles ont trahi la confiance que des capitalistes imparfaitement éclairés leur avaient témérairement accordée.

Les entreprises du même genre en Europe n'ont-elles pas donné lieu à des mécomptes aussi fréquents et aussi désastreux? Et si, en regard du réseau général des chemins de fer européens, on plaçait les 78,000 milles de voies ferrées construites aux États-Unis, ne trouverait-on pas proportionnellement plus de ruines parmi les compagnies européennes que parmi les compagnies américaines?

Pourquoi donc cette sévère exclusion à l'égard des unes et cette indulgente tolérance à l'égard des autres?

Si les États-Unis déplorent avec raison les scandaleux abus que quelques spéculateurs effrénés ont pu faire d'une législation trop facile, l'Europe n'a-t-elle pas à regretter de son côté les actes non moins scandaleux d'une foule d'aventuriers de la finance qui rivalisent de dépravation, sinon d'audace, avec ces tristes géants de l'agiotage?

N'est-il pas temps enfin de considérer les choses avec plus d'impartialité, et de chercher, par une étude attentive des entreprises américaines, ce qu'elles peuvent présenter d'avantages aux capitalistes français?

Nous venons d'étudier rapidement l'une de ces entreprises, et nous croyons avoir démontré qu'elle présente à tous les points de vue les conditions de solidité et d'avenir que peuvent désirer les capitalistes les plus exigeants.

Il nous sera facile, en continuant ces études, d'en signaler beaucoup d'autres qui méritent au même degré la confiance du public français.

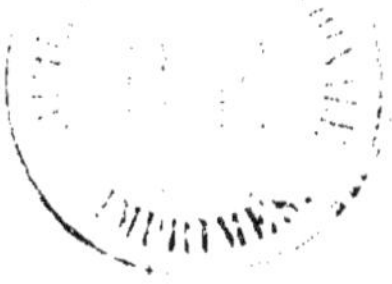

FIN.

IMPRIMERIE JOUAUST, 338, RUE SAINT-HONORÉ

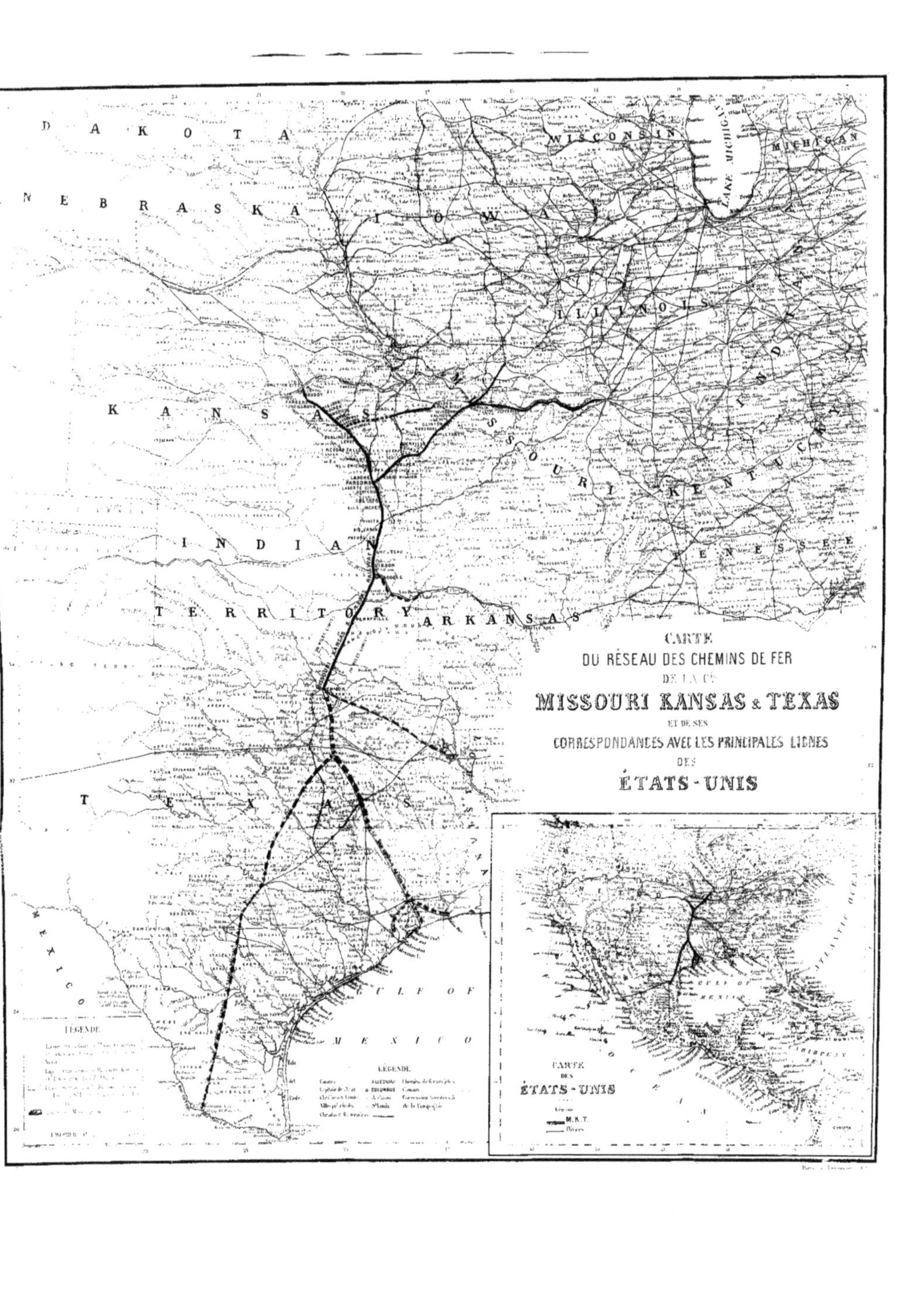
CARTE
DU RÉSEAU DES CHEMINS DE FER
DE LA Cie
MISSOURI KANSAS & TEXAS
ET DE SES
CORRESPONDANCES AVEC LES PRINCIPALES LIGNES
DES
ÉTATS-UNIS
DAKOTA
NEBRASKA
IOWA
WISCONSIN
LAKE MICHIGAN
MICHIGAN
ILLINOIS
INDIANA
KANSAS
MISSOURI
KENTUCKY
TENESSEE
INDIAN
TERRITORY
ARKANSAS
TEXAS
MEXICO
GULF OF
MEXICO
LÉGENDE
CARTE
DES
ÉTATS-UNIS
M.K.T.
Divers
ATLANTIC OCEAN
GULF OF MEXICO

www.ingramcontent.com/pod-product-compliance
Ingram Content Group UK Ltd.
Pitfield, Milton Keynes, MK11 3LW, UK
UKHW021108260726
13994UKWH00002B/784

9 782329 429540